```
AF189294
```

Impressum
Verlag: BABADADA GmbH, Nedderfeld 112 , 22529 Hamburg
Geschäftsführer / Verlagsleitung: Harald Hof
Druck: Books on Demand GmbH, In de Tarpen 42, 22848 Norderstedt

Imprint
Publisher: BABADADA GmbH, Nedderfeld 112 , 22529 Hamburg, Germany
Managing Director / Publishing direction: Harald Hof
Print: Books on Demand GmbH, In de Tarpen 42, 22848 Norderstedt, Germany

escuela

xue xiao

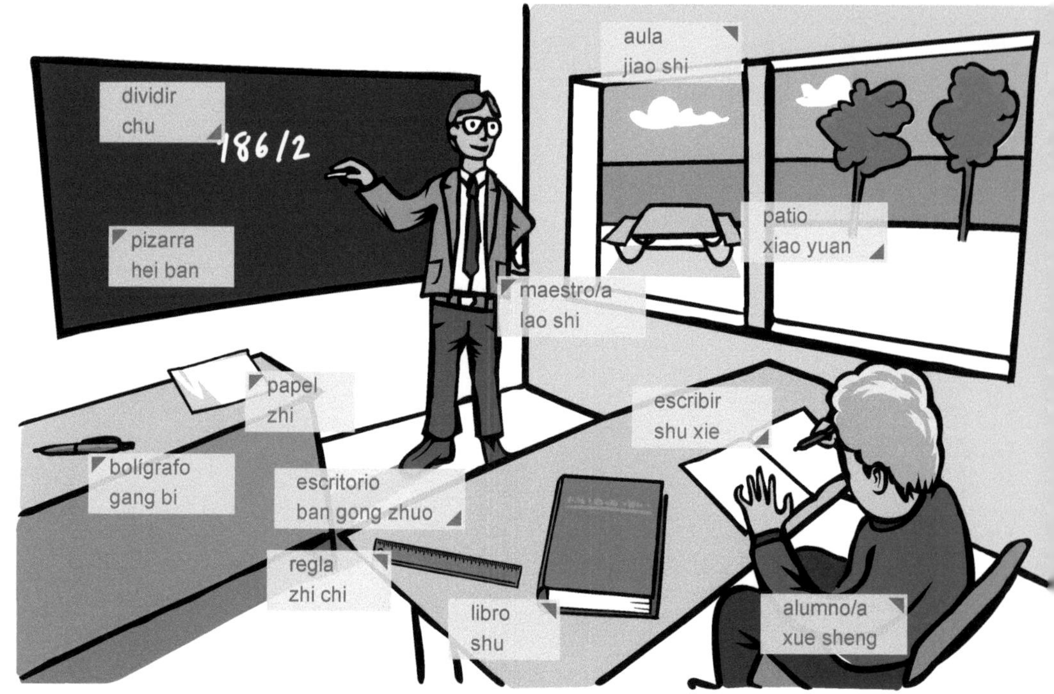

aula
jiao shi
dividir
chu
186/2
pizarra
hei ban
patio
xiao yuan
maestro/a
lao shi
papel
zhi
escribir
shu xie
bolígrafo
gang bi
escritorio
ban gong zhuo
regla
zhi chi
libro
shu
alumno/a
xue sheng

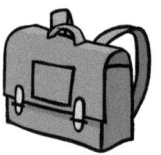

cartera
shu bao

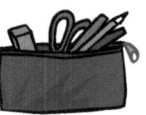

caja de lápices
qian bi he

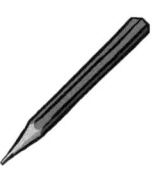

lápiz
qian bi

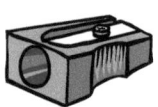

sacapuntas
juan bi dao

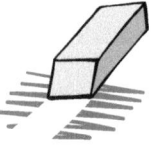

goma de borrar
xiang pi ca

cuaderno de dibujo
hua ban

dibujo

tu hua

pincel

hua bi

caja de pinturas

yan liao he

tijeras

jian dao

pegamento

jiao shui

cuaderno de ejercicios

lian xi ce

deberes

jia ting zuo ye

número

shu zi

sumar

jia

restar

jian

multiplicar

cheng

calcular

ji suan

letra

zi mu

alfabeto

zi mu biao

palabra

zi

texto

ke wen

leer

du

tiza

fen bi

lección

shang ke

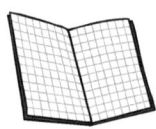

cuaderno de notas

deng ji

examen

kao shi

certificado

zheng shu

uniforme escolar

xiao fu

educación

jiao yu

enciclopedia

bai ke quan shu

universidad

da xue

microscopio

xian wei jing

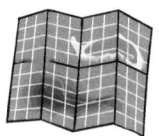

mapa

di tu

papelera

fei zhi kuang

viaje
lü xing

hotel
jiu dian
Grand
albergue
qing nian lü xing she
oficina de cambio de divisas
wai bi dui huan chu
CHANGE
maleta
shou ti xiang
coche
qi che

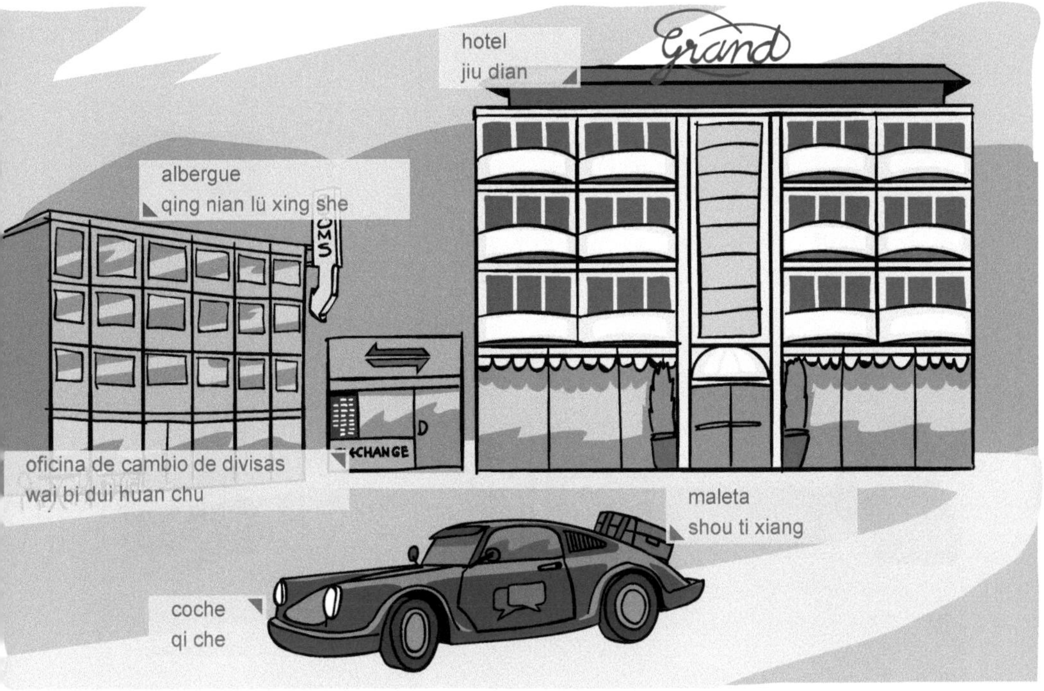

idioma

yu yan

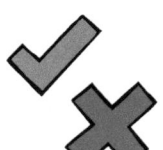

sí / no

shi/fou

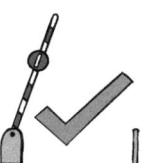

Vale

hao de

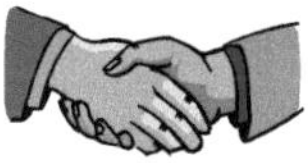

hola

nin hao

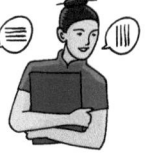

traductor

fan yi yuan

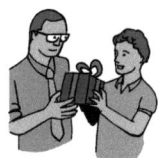

Gracias

xie xie

¿cuánto es…?

......duo shao qian?

No entiendo

wo bu ming bai

problema

wen ti

¡Buenas tardes!

wan shang hao!

¡Buenos días!

zao shang hao!

¡Buenas noches!

wan an!

adiós

zai jian

dirección

fang xiang

equipaje

xing li

bolsa

bao

mochila

shuang jian bao

invitado

ke ren

habitación

fang jian

saco de dormir

shui dai

tienda de campaña

zhang peng

información turística

lü you xin xi

playa

hai tan

tarjeta de crédito

xin yong ka

desayuno

zao can

almuerzo

wu can

cena

wan can

billete

piao

ascensor

dian ti

sello

you piao

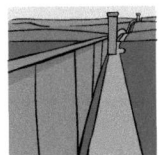

frontera

bian jie

aduana

hai guan

embajada

da shi guan

visa

qian zheng

pasaporte

hu zhao

transporte
jiao tong yun shu

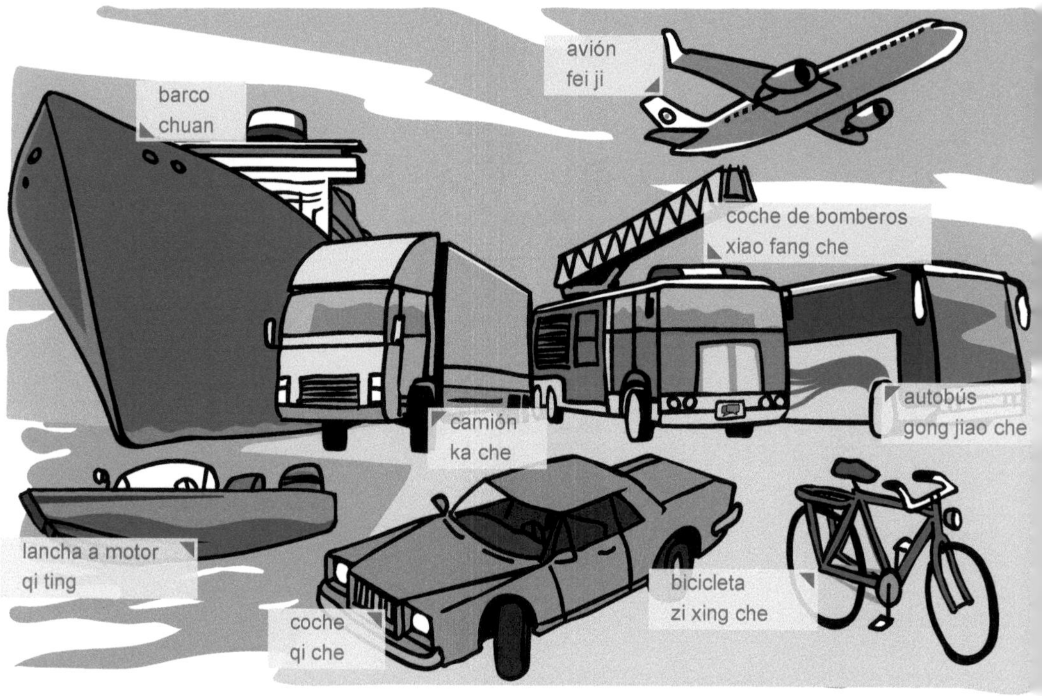
avión
fei ji
barco
chuan
coche de bomberos
xiao fang che
autobús
gong jiao che
camión
ka che
lancha a motor
qi ting
bicicleta
zi xing che
coche
qi che

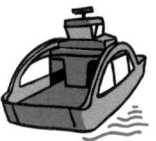

transbordador

bai du chuan

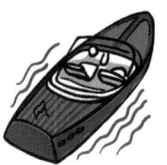

barca

xiao chuan

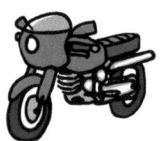

moto

mo tuo che

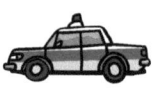

coche de policía

jing che

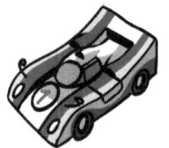

coche de carreras

sai che

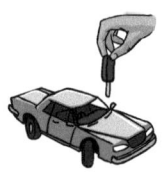

coche de alquiler

zu che

préstamo de vehículos

pin che

grúa

tuo che

camión de la basura

la ji che

motor

fa dong ji

gasolina

qi you

gasolinera

jia you zhan

señal de tráfico

jiao tong biao zhi

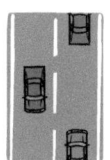

tráfico

jiao tong

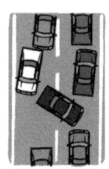

atasco

jiao tong du sai

aparcamiento

ting che chang

estación de tren

huo che zhan

vías

gui dao

tren

huo che

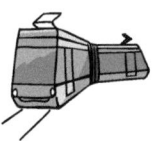

tranvía

dian che

vagón

huo che

helicóptero

zhi sheng ji

aeropuerto

ji chang

torre

ta

pasajero

cheng ke

contenedor

ji zhuang xiang

caja de cartón

zhi ban xiang

carretilla

shou tui che

cesta

lan zi

despegar / aterrizar

qi fei/jiang luo

ciudad

cheng shi

pueblo

cun zhuang

centro de ciudad

shi zhong xin

casa

fang zi

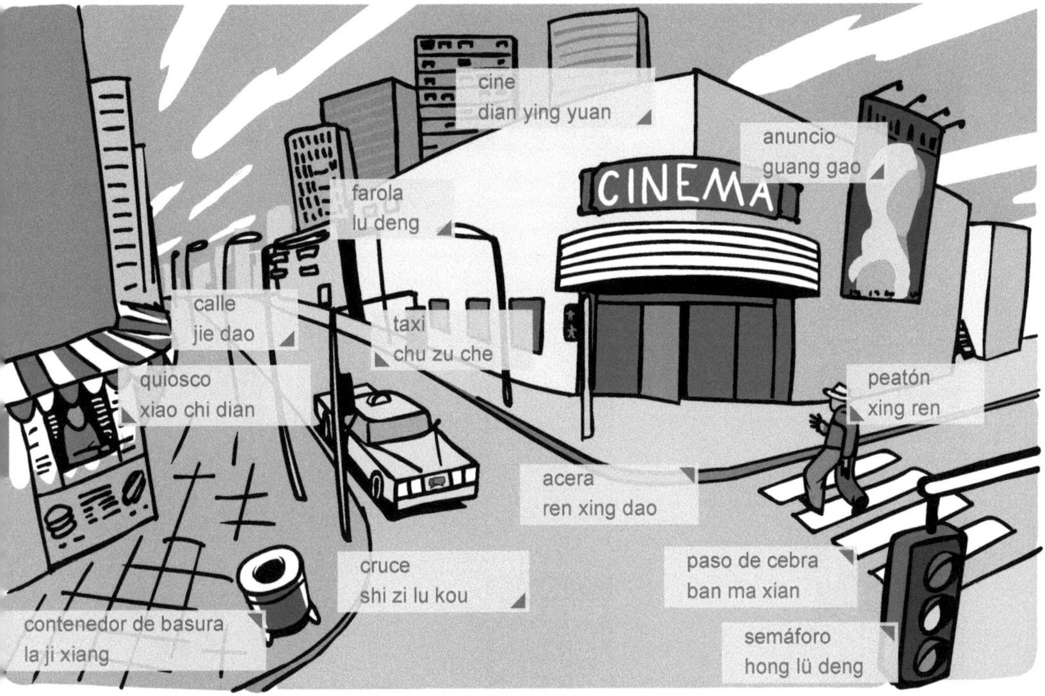
CINEMA
cine
dian ying yuan
anuncio
guang gao
farola
lu deng
calle
jie dao
taxi
chu zu che
quiosco
xiao chi dian
peatón
xing ren
acera
ren xing dao
cruce
shi zi lu kou
paso de cebra
ban ma xian
contenedor de basura
la ji xiang
semáforo
hong lü deng

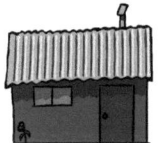

cabaña

xiao wu

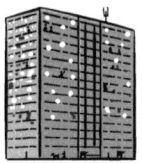

apartamento

gong yu

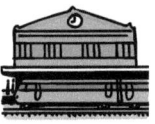

estación de tren

huo che zhan

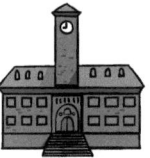

ayuntamiento

shi zheng ting

MUSEUM

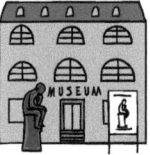

museo

bo wu guan

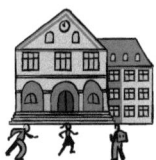

escuela

xue xiao

universidad

da xue

banco

yin hang

hospital

yi yuan

hotel

jiu dian

farmacia

yao fang

oficina

ban gong shi

librería

shu dian

tienda

shang dian

floristería

hua dian

supermercado

chao shi

mercado

shi chang

grandes almacenes

bai huo shang dian

pescadería

yu dian

centro comercial

gou wu zhong xin

puerto

hai gang

parque

gong yuan

banco

chang deng

puente

qiao

escaleras

lou ti

metro

di tie

túnel

sui dao

parada de autobús

gong jiao che zhan

bar

jiu ba

restaurante

can guan

buzón

you tong

poste indicador

lu biao

parquímetro

ting che ji shi qi

zoo

dong wu yuan

piscina

you yong guan

mezquita

qing zhen si

granja

nong chang

contaminación

wu ran

cementerio

mu di

iglesia

jiao tang

patio de juego

cao chang

templo

si miao

paisaje
di xing

hoja
shu ye

señal
zhi shi pai

camino
lu

prado
cao di

piedra
shi tou

árbol
shu

excursionista
tu bu lü xing zhe

río
he

hierba
cao

flor
hua

valle

xia gu

colina

shan

lago

hu

bosque

sen lin

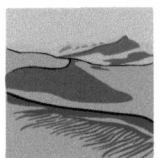

desierto

sha mo

volcán

huo shan

castillo

cheng bao

arcoíris

cai hong

champiñón

mo gu

palmera

zong lü shu

mosquito

wen zi

mosca

cang ying

hormiga

ma yi

abeja

mi feng

araña

zhi zhu

escarabajo

jia chong

rana

qing wa

ardilla

song shu

erizo

ci wei

liebre

ye tu

lechuza

mao tou ying

pájaro

niao

cisne

tian e

jabalí

ye zhu

ciervo

lu

alce

mi lu

presa

shui ba

turbina eólica

feng li fa dian ji

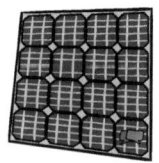

panel solar

tai yang neng dian chi ban

clima

qi hou

restaurante
can guan

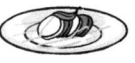

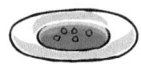

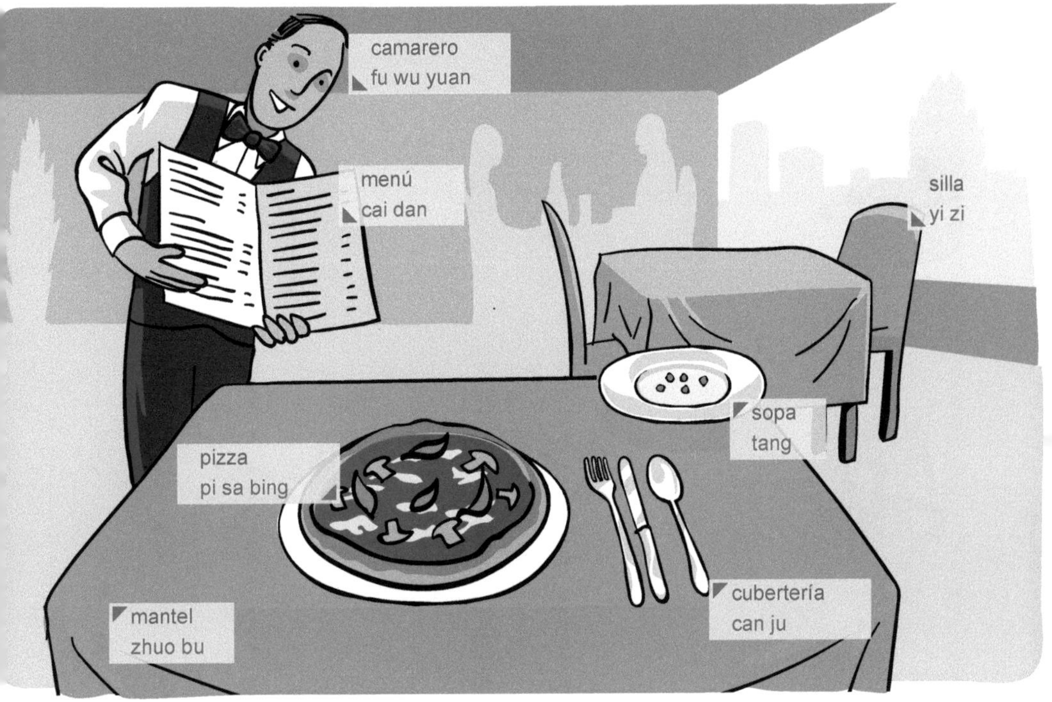
camarero
fu wu yuan
menú
cai dan
silla
yi zi
sopa
tang
pizza
pi sa bing
cubertería
can ju
mantel
zhuo bu

primer plato

qian cai

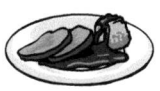

plato principal

zhu cai

postre

tian dian

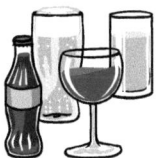

bebidas

yin liao

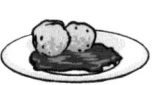

comida

shi wu

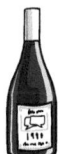

botella

ping zi

comida rápida

kuai can

comida callejera

jie bian xiao chi

tetera

cha hu

azucarero

tang he

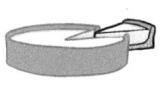

porción

yi fen fan cai

cafetera expreso

yi shi ka fei ji

trona

gao jiao yi

cuenta

zhang dan

bandeja

tuo pan

cuchillo

dao

tenedor

can cha

cuchara

shao zi

cucharilla

cha chi

servilleta

can jin

vaso

bo li bei

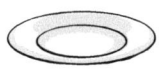

plato

die zi

plato hondo

tang pan

platillo

die zi

salsa

jiang

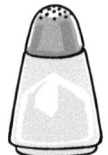

salero

yan ping

molinillo de pimienta

hu jiao mo

vinagre

cu

aceite

shi yong you

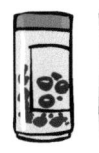

especias

tiao wei liao

ketchup

fan qie jiang

mostaza

jie mo

mayonesa

dan huang jiang

supermercado

chao shi

oferta especial
te jia
FOR
cliente
gu ke
lácteos
ru zhi pin
fruta
shui guo
carro de la compra
gou wu che

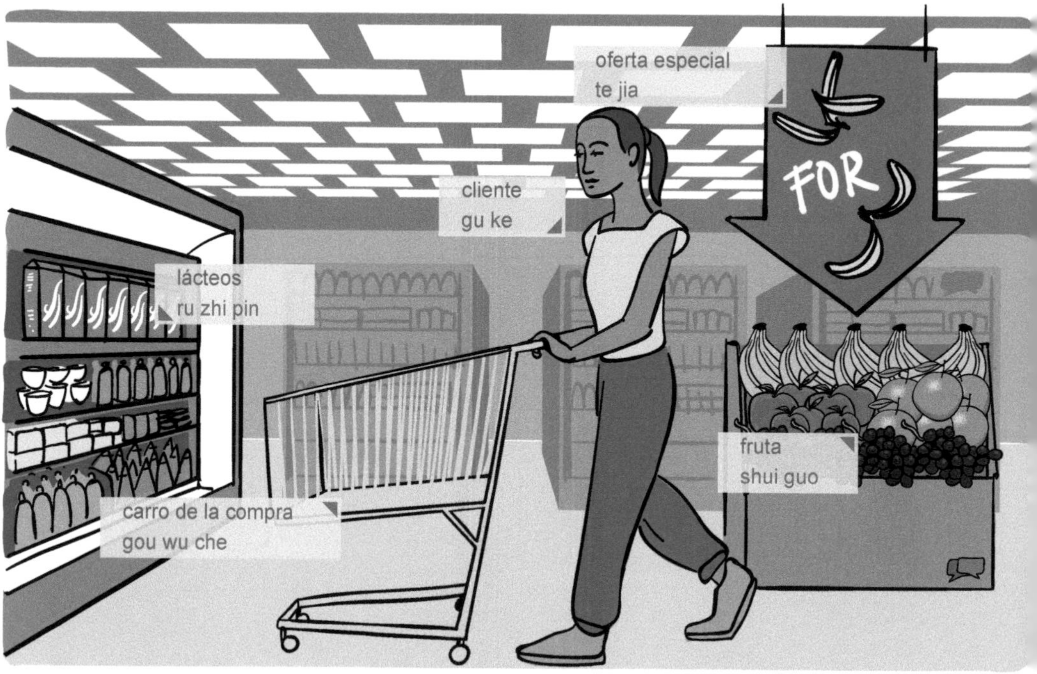

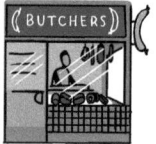

BUTCHERS

carnicería

rou pu

BAKERY

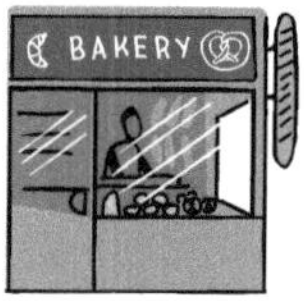

panadería

mian bao fang

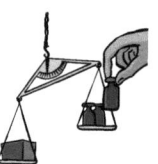

pesar

cheng zhong

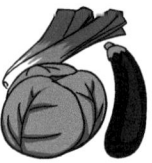

verduras

shu cai

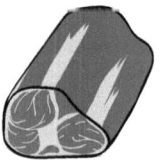

carne

rou

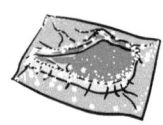

alimentos congelados

leng dong shi pin

fiambres

leng pan

conservas

guan tou shi pin

detergente en polvo

xi yi fen

dulces

tian shi

productos de uso doméstico

ri yong pin

productos de limpieza

qing jie yong pin

vendedora

xiao shou yuan

caja

shou yin ji

cajero

shou yin yuan

lista de la compra

gou wu qing dan

horario de atención al público

kai fang shi jian

cartera

qian bao

tarjeta de crédito

xin yong ka

bolsa

dai zi

bolsa de plástico

su liao dai

agua

shui

zumo

guo zhi

leche

niu nai

cola

ke le

vino

hong jiu

cerveza

pi jiu

alcohol

jiu

cacao

ke ke

té

cha

café

ka fei

expreso

yi shi nong suo ka fei

capuchino

ka bu qi nuo

plátano

xiang jiao

manzana

ping guo

naranja

cheng zi

melón

xi gua

limón

ning meng

zanahoria

hu luo bo

ajo

da suan

bambú

zhu zi

cebolla

yang cong

champiñón

mo gu

avellanas

jian guo

fideos

mian tiao

espagueti

yi da li mian tiao

arroz

mi fan

ensalada

sha la

patatas fritas

shu tiao

patatas fritas

zha tu dou

pizza

pi sa bing

hamburguesa

han bao bao

sándwich

san ming zhi

filete

zha zhu pai

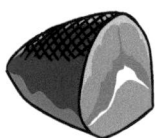

jamón

huo tui

salami

sa la mi

salchicha

xiang chang

pollo

ji rou

asado

kao rou

pescado

yu

copos de avena

yan mai pian

muesli

mu zi li

copos de maíz

yu mi pian

harina

mian fen

cruasán

yang jiao mian bao

panecillo

mian bao juan

pan

mian bao

tostada

kao mian bao

galletas

bing gan

mantequilla

huang you

cuajada

ning ru

pastel

dan gao

huevo

dan

huevo frito

jian dan

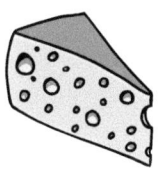

queso

nai lao

helado

bing ji lin

azúcar

tang

miel

feng mi

mermelada

guo jiang

crema de turrón

qiao ke li jiang

curry

ga li fan

granja
nong chang

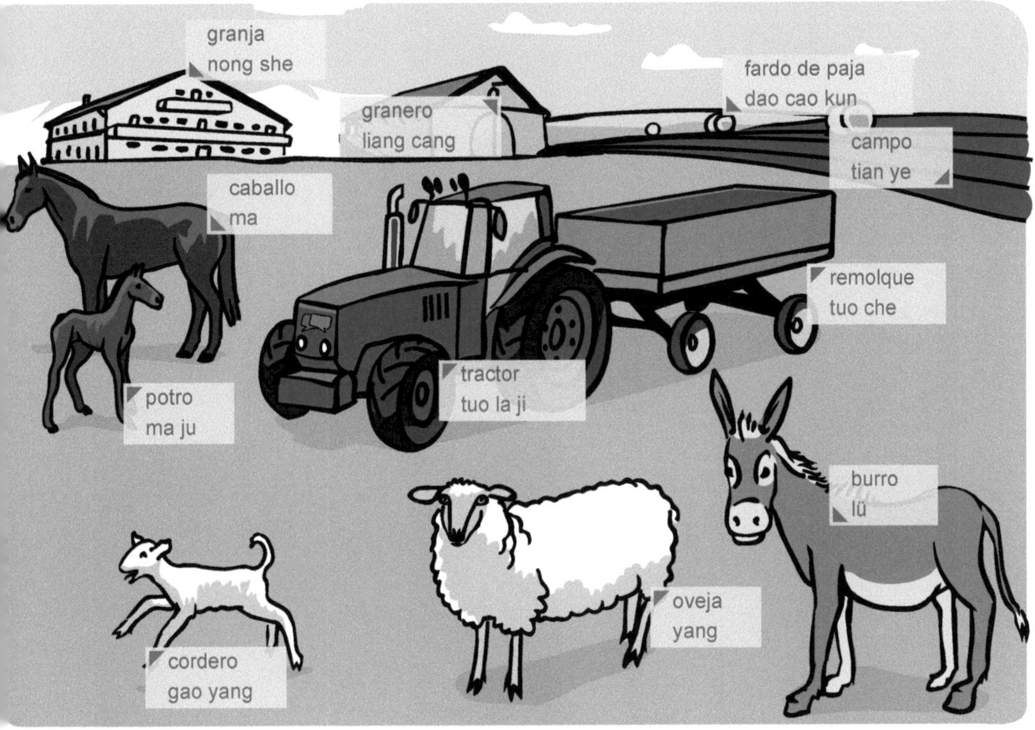
granja
nong she
granero
liang cang
fardo de paja
dao cao kun
campo
tian ye
caballo
ma
remolque
tuo che
tractor
tuo la ji
potro
ma ju
burro
lü
oveja
yang
cordero
gao yang

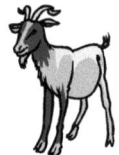

cabra

shan yang

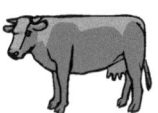

vaca

nai niu

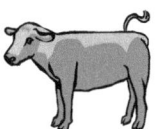

ternero

niu du

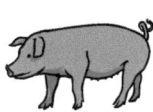

cerdo

zhu

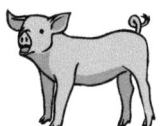

cerdito

xiao zhu

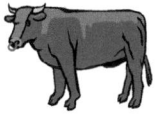

toro

gong niu

ganso

e

pato

ya

pollo

xiao ji

gallina

mu ji

gallo

gong ji

rata

shu

gato

mao

ratón

lao shu

buey

niu

perro

gou

perrera

gou wu

manguera

hua yuan jiao shui ruan guan

regadera

sa shui hu

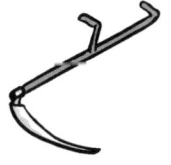

guadaña

chang bing da lian dao

arado

li

hoz

lian dao

azada

chu tou

horca

chang bing cao pa

hacha

fu tou

carretilla

du lun shou tui che

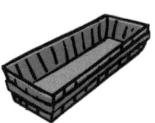

abrevadero

si liao cao

lechera

niu nai guan

saco

ma bu dai

valla

zha lan

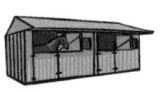

establo

ma jiu

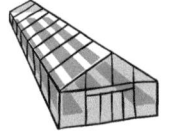

invernadero

wen shi

suelo

tu rang

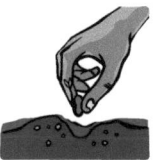

semilla

zhong zi

fertilizador

fei liao

cosechadora

lian he shou ge ji

cosechar

shou ge

cosecha

shou ge

ñame

shan yao

trigo

xiao mai

soja

da dou

patata

tu dou

maíz

yu mi

semilla de colza

you cai zi

árbol frutal

guo shu

mandioca

shu shu

cereales

gu wu

casa
fang zi

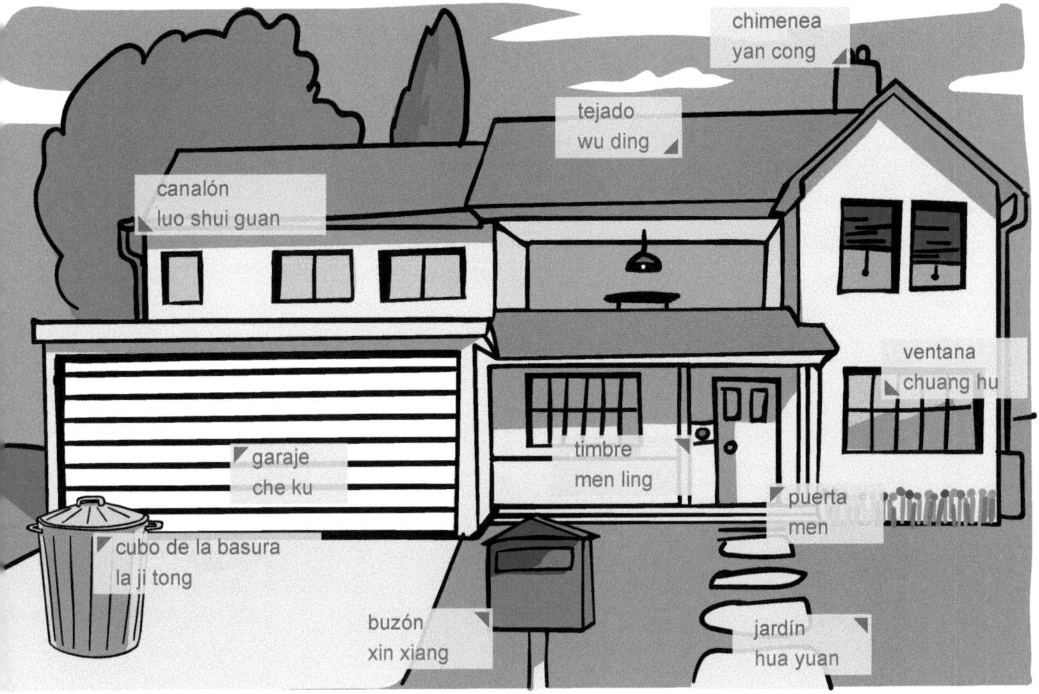
chimenea
yan cong
tejado
wu ding
canalón
luo shui guan
ventana
chuang hu
garaje
che ku
timbre
men ling
puerta
men
cubo de la basura
la ji tong
buzón
xin xiang
jardín
hua yuan

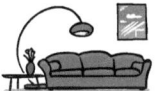

sala

ke ting

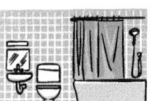

cuarto de baño

yu shi

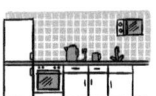

cocina

chu fang

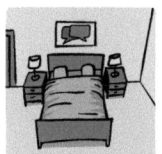

dormitorio

wo shi

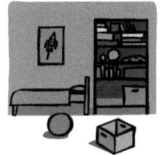

habitación de los niños

er tong fang

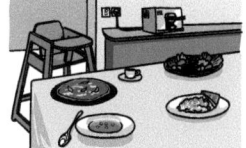

comedor

can ting

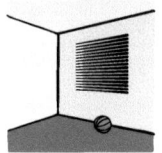

suelo
di ban

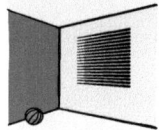

pared
qiang bi

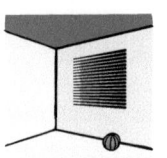

techo
diao ding

sótano
di jiao

sauna
sang na

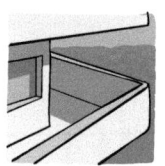

balcón
yang tai

terraza
lu tai

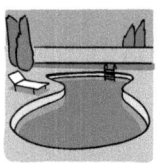

piscina
you yong chi

cortacésped
ge cao ji

sábana
bei dan

colcha
chuang zhao

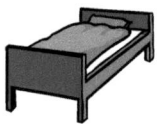

cama
chuang

escoba
sao zhou

balde
shui tong

interruptor
kai guan

sala
ke ting

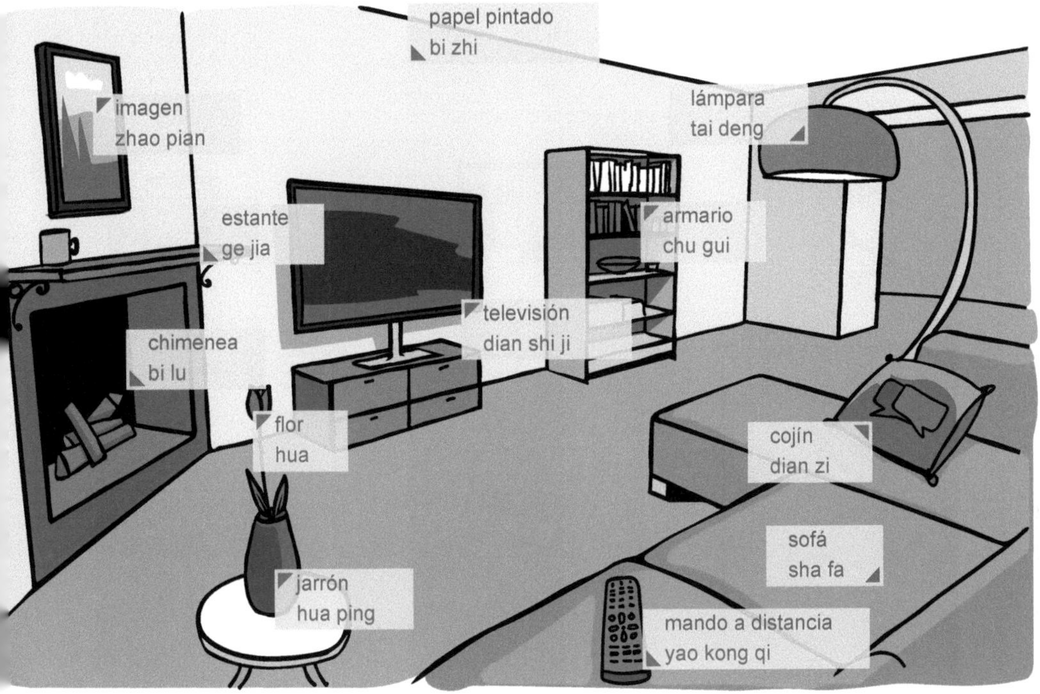

papel pintado
bi zhi
imagen
zhao pian
lámpara
tai deng
estante
ge jia
armario
chu gui
televisión
dian shi ji
chimenea
bi lu
flor
hua
cojín
dian zi
sofá
sha fa
jarrón
hua ping
mando a distancia
yao kong qi

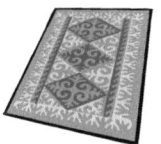

alfombra

di tan

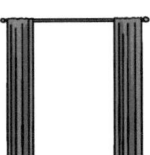

cortina

chuang lian

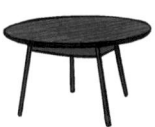

mesa

can zhuo

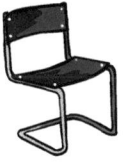

silla

yi zi

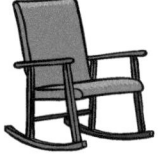

mecedora

yao yi

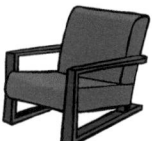

butaca

fu shou yi

libro

shu

manta

tan zi

decoración

zhuang shi pin

leña

mu chai

película

dian ying

equipo de música

gao bao zhen yin xiang

llave

yao shi

periódico

bao zhi

pintura

you hua

póster

hai bao

radio

shou yin ji

cuaderno

bi ji ben

aspiradora

xi chen qi

cactus

xian ren zhang

vela

la zhu

cocina
chu fang

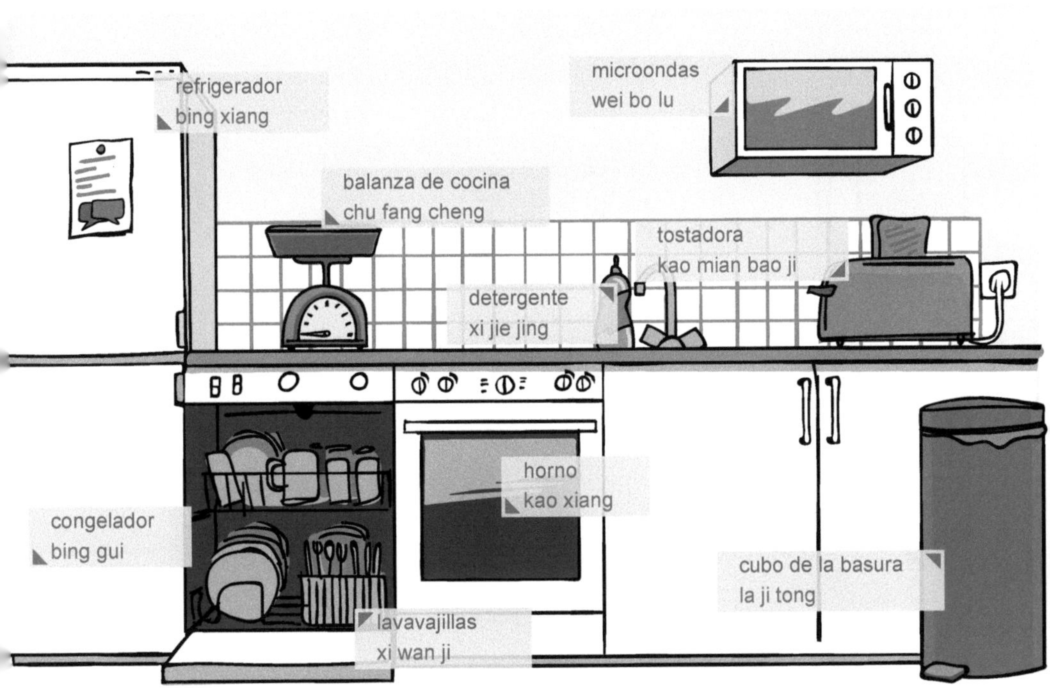

refrigerador
bing xiang
microondas
wei bo lu
balanza de cocina
chu fang cheng
tostadora
kao mian bao ji
detergente
xi jie jing
horno
kao xiang
congelador
bing gui
cubo de la basura
la ji tong
lavavajillas
xi wan ji

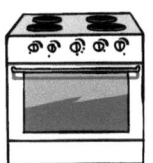

olla a presión

chui ju

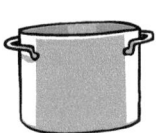

olla

guo

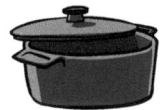

olla de hierro fundido

zhu tie guo

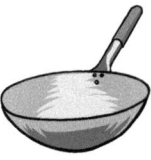

wok / karahi

sha guo

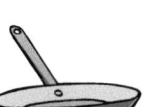

cazuela

ping di guo

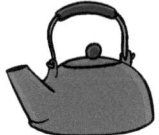

hervidor

shui hu

vaporera

zheng guo

chapa de horno

kao pan

vajilla

tao ci guo

taza

ma ke bei

tazón

wan

palillos

kuai zi

cucharón

chang bing shao

espumadera

chan zi

batidor

jiao ban qi

colador

lü wang

cedazo

shai zi

rallador

mo sui ji

mortero

yan bo

barbacoa

shao kao

hoguera

ming huo

tabla de picar

cai ban

rodillo

gan mian zhang

sacacorchos

kai ping qi

lata

guan zi

abrelatas

kai ping qi

agarrador

ge re shou tao

lavabo

shui cao

cepillo

shua zi

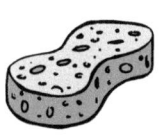

esponja

hai mian

batidora

jiao ban ji

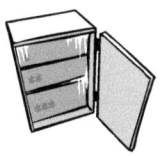

congelador

leng cang xiang

biberón

nai ping

grifo

shui long tou

cocina - chu fang

cuarto de baño

yu shi

ducha
lin yu
calefacción
gong nuan she bei
toalla
mao jin
cortina de la ducha
yu lian
baño de espuma
pao mo yu
bañera
yu gang
vaso
bo li bei
lavadora
xi yi ji
grifo
shui long tou
baldosas
ci zhuan
orinal
bian hu
lavabo
shui cao

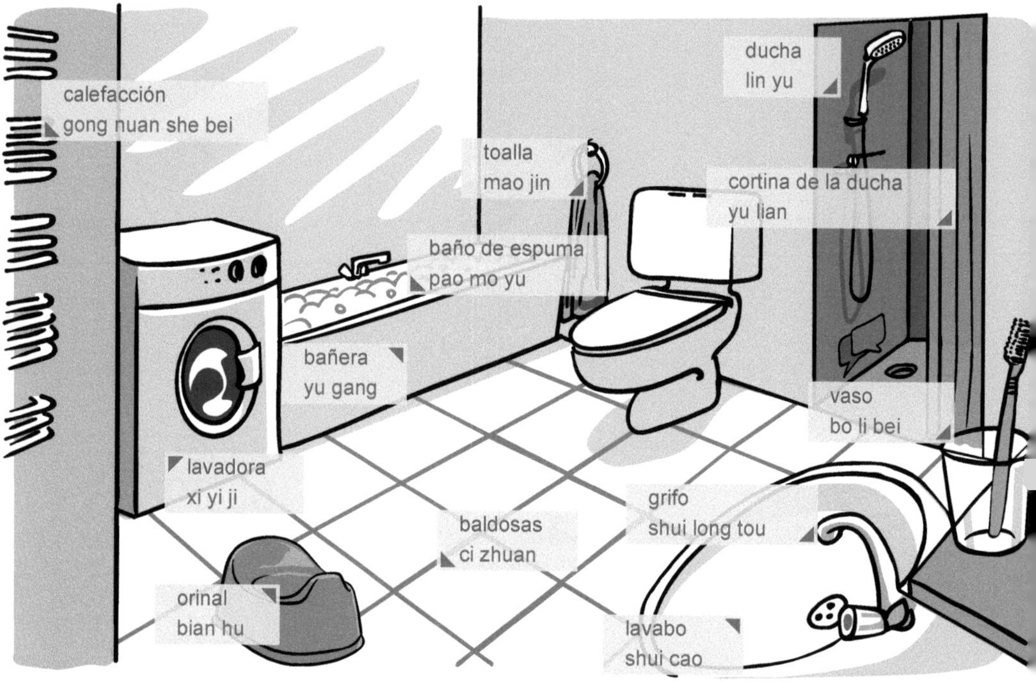

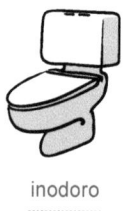

inodoro
ce suo

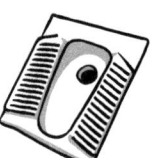

inodoro rústico
dun bian qi

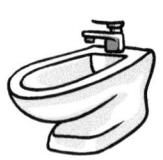

bidé
zuo yu qi

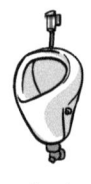

urinario
xiao bian chi

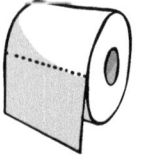

papel higiénico
ce zhi

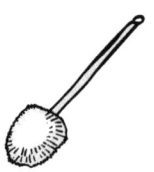

escobilla del váter
ma tong shua

cepillo de dientes

ya shua

pasta de dientes

ya gao

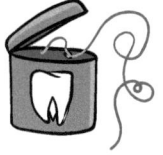

hilo dental

ya xian

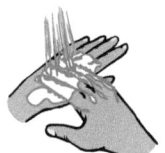

lavar

xi

ducha de mano

shou chi shi pen lin tou

ducha íntima

chong xi qi

pila

xi lian pen

cepillo de espalda

ca bei shua

jabón

fei zao

gel de ducha

mu yu lu

champú

xi fa shui

toallita

fa lan rong

desagüe

pai shui

crema

ru shuang

desodorante

chu chou ji

espejo

jing zi

espejo de tocador

shou jing

maquinilla de afeitar

ti xu dao

espuma de afeitar

ti xu pao mo

loción postafeitado

xu hou shui

peine

shu zi

cepillo

shua zi

secador

chui feng ji

laca

pen fa ding xing ji

maquillaje

hua zhuang pin

pintalabios

chun gao

pintauñas

zhi jia you

algodón

hua zhuang mian

cortauñas

zhi jia jian

perfume

xiang shui

estuche de viaje

xi shu bao

banqueta

deng zi

balanza

ji zhong cheng

albornoz

yu pao

guantes de goma

xiang jiao shou tao

tampón

wei sheng mian tiao

compresa

wei sheng jin

inodoro químico

hua xue ce suo

habitación de los niños

er tong fang

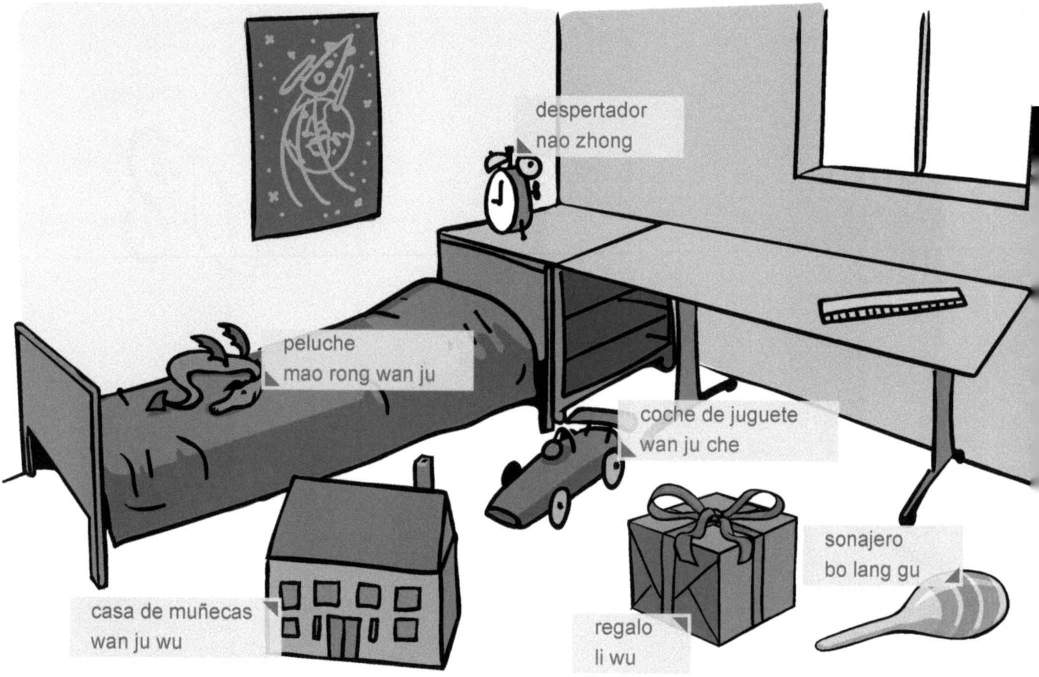

despertador
nao zhong
peluche
mao rong wan ju
coche de juguete
wan ju che
sonajero
bo lang gu
casa de muñecas
wan ju wu
regalo
li wu

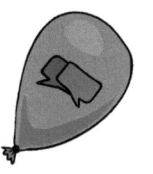

globo

qi qiu

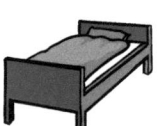

cama

chuang

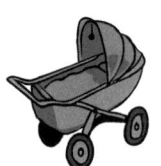

coche de niño

(yang wa wa yong)ying er che

naipes

pu ke pai

puzle

pin tu

SUPER MEGA

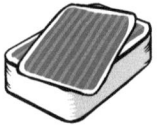

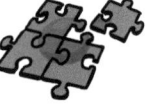

tebeo

man hua

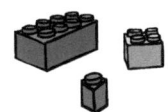

piezas de lego

le gao ji mu

bloques de juguete

ji mu wan ju

figura de acción

wan ju ren

bodi (de bebé)

ying er fu

frisbee

fei pan

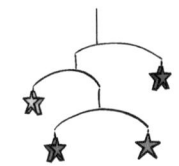

colgador móvil para bebés

chuang ling wan ju

juego de mesa

qi pan you xi

dados

shai zi

circuito de tren eléctrico

huo che mo xing

maniquí

an fu nai zui

fiesta

ju hui

álbum de fotos

hui ben

pelota

qiu

muñeca

yang wa wa

jugar

wan

cajón de arena

sha keng

columpio

qiu qian

juguetes

wan ju

videoconsola

you xi ji

triciclo

san lun che

oso de peluche

tai di xiong

guardarropa

yi chu

ropa

yi fu

calcetines

wa zi

medias

chang wa

leotardos

jin shen ku

bufanda
wei jin

cinturón
pi dai

paraguas
yu san

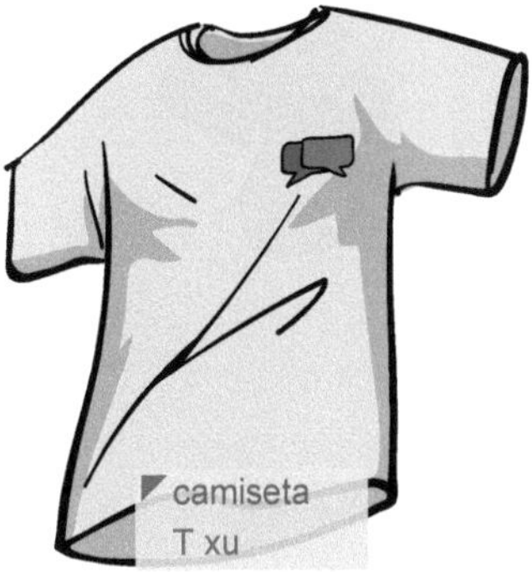

camiseta
T xu

deportivas
yun dong xie

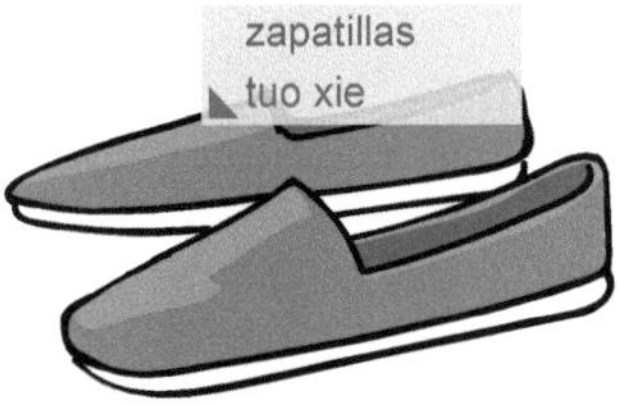

botas
xue zi

zapatillas
tuo xie

sandalias
....
liang xie

zapatos
....
xie

botas de goma
....
yu xue

slip
....
nei ku

sostén
....
xiong zhao

chaleco
....
bei xin

bodi

shen ti

pantalones

ku zi

vaqueros

niu zai ku

falda

duan qun

blusa

nü shi chen shan

camisa

chen shan

jersey

tao tou shan

suéter

wei yi

blazer

xi zhuang jia ke

chaqueta

jia ke

abrigo

wai tao

gabardina

yu yi

traje

tao zhuang

vestido

lian yi qun

vestido de novia

hun sha

traje

xi zhuang

camisón

shui pao

pijama

shui yi

sari

sha li

bandana

tou jin

turbante

bao tou jin

burka

bo ka

caftán

ka fu tan

abaya

(a la bo shi)chang pao

traje de baño

yong yi

bañador

nan shi yong ku

pantalones cortos

duan ku

chándal

yun dong fu

delantal

wei qun

guantes

shou tao

botón

niu kou

gafas

yan jing

brazalete

shou lian

collar

xiang lian

anillo

jie zhi

pendiente

er huan

gorra

bian mao

percha

yi jia

sombrero

mao zi

corbata

ling dai

cremallera

la lian

casco

tou kui

tirantes

bei dai

uniforme escolar

xiao fu

uniforme

zhi fu

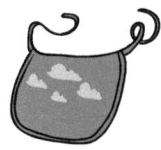

babero

wei dou

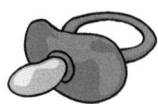

maniquí

an fu nai zui

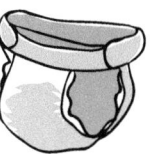

pañal

niao bu shi

oficina

ban gong shi

servidor
fu wu qi
archivo
wen jian gui
impresora
da yin ji
papel
zhi
monitor
xian shi ping
ratón
shu biao
escritorio
ban gong zhuo
carpeta
wen jian jia
teclado
jian pan
papelera
fei zhi kuang
ordenador
dian nao
silla
yi zi

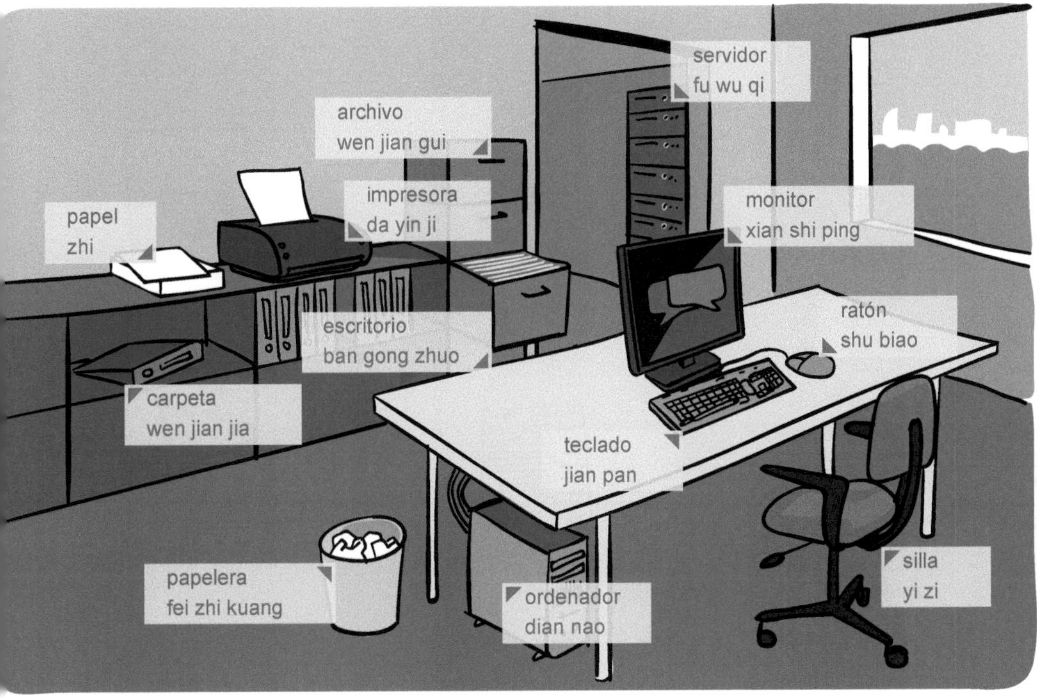

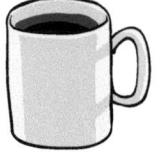

taza de café

ka fei bei

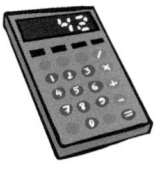

calculadora

ji suan qi

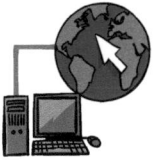

internet

yin te wang

portátil

bi ji ben dian nao

carta

xin jian

mensaje

xiao xi

móvil

shou ji

red

wang luo

fotocopiadora

fu yin ji

software

ruan jian

teléfono

dian hua

toma de corriente

cha zuo

fax

chuan zhen ji

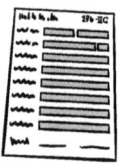

formulario

biao ge

documento

wen jian

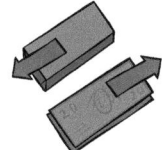

comprar

mai

pagar

fu qian

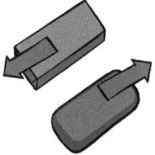

comerciar

jiao yi

dinero

xian jin

dólar

mei yuan

euro

ou yuan

yen

ri yuan

rublo

lu bu

franco suizo

rui shi fa lang

renminbi yuan

ren min bi

rupia

lu bi

cajero automático

ti kuan chu

oficina de cambio de divisas

wai bi dui huan chu

oro

jin

plata

yin

petróleo

shi you

energía

neng yuan

precio

jia ge

contrato

he tong

impuesto

shui jin

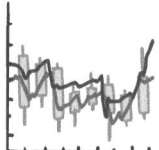

acción

gu piao

trabajar

gong zuo

empleado

zhi yuan

empleador

lao ban

fábrica

gong chang

tienda

shang dian

oficios
zhi ye

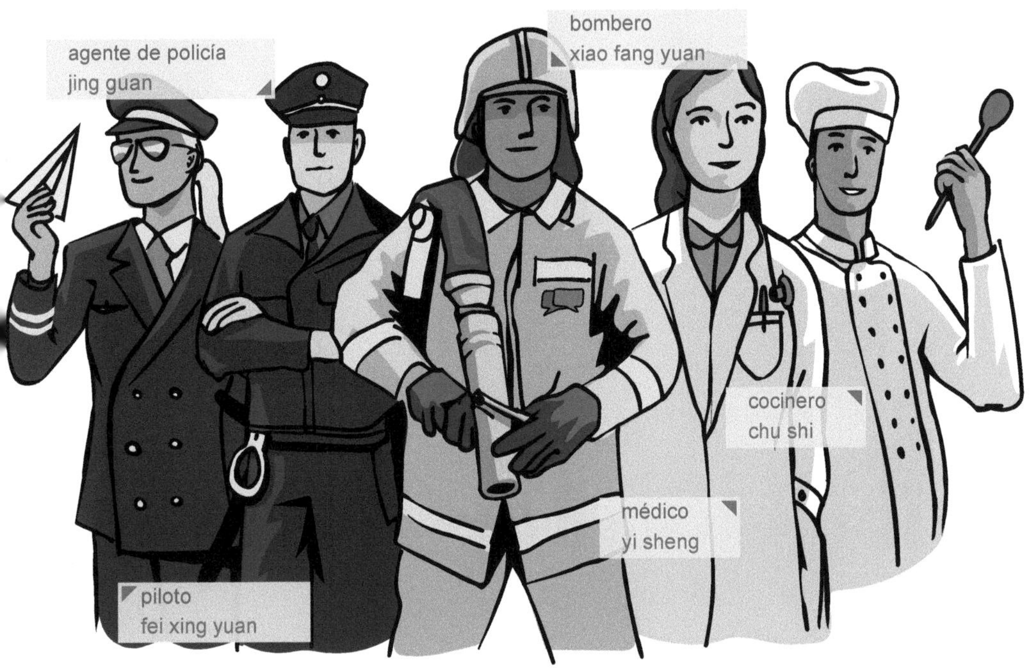

bombero
xiao fang yuan
agente de policía
jing guan
cocinero
chu shi
médico
yi sheng
piloto
fei xing yuan

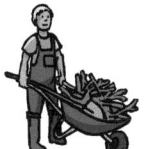

jardinero

yuan ding

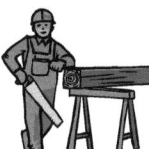

carpintero

mu jiang

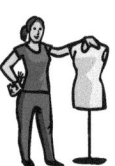

costurera

cai feng

juez

fa guan

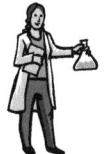

farmacéutico

hua xue jia

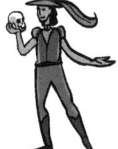

actor

yan yuan

conductor de autobús

gong jiao che si ji

taxista

chu zu che si ji

pescador

yu fu

señora de la limpieza

qing jie nü gong

techador

wu ding gong

camarero

fu wu yuan

cazador

lie ren

pintor

hua jia

panadero

mian bao shi

electricista

dian gong

obrero

jian zhu gong ren

ingeniero

gong cheng shi

carnicero

tu fu

fontanero

shui guan gong

cartero

you di yuan

soldado

shi bing

arquitecto

jian zhu shi

cajero

shou yin yuan

florista

hua nong

peluquero

li fa shi

revisor

shou piao yuan

mecánico

ji xie shi

capitán

chuan zhang

dentista

ya yi

científico

ke xue jia

rabino

la bi

imán

yi ma mu

monje

he shang

sacerdote

mu shi

herramientas
gong ju

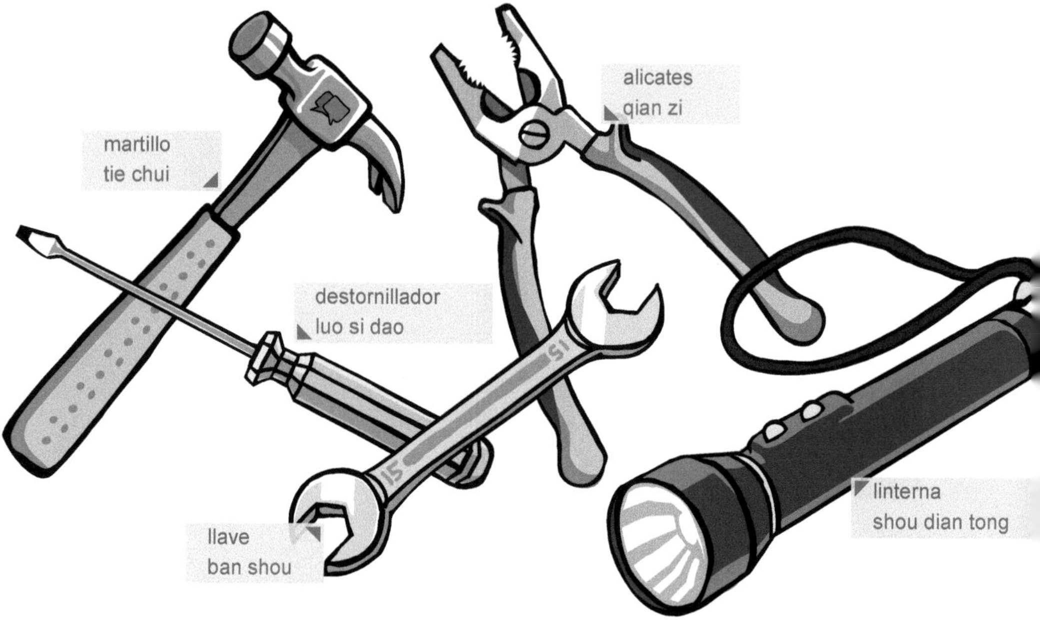

martillo
tie chui
alicates
qian zi
destornillador
luo si dao
llave
ban shou
linterna
shou dian tong

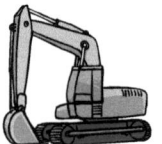

excavadora

wa jue ji

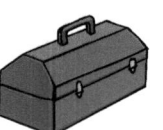

caja de herramientas

gong ju xiang

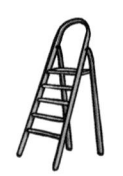

escalera de mano

ti zi

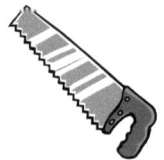

sierra

ju zi

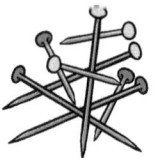

clavos

ding zi

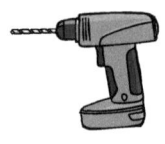

taladro

zuan ji

reparar

xiu

pala

chan zi

¡Maldita sea!

kao!

recogedor

bo ji

bote de pintura

you qi tong

tornillos

luo si

instrumentos musicales
yue qi

altavoz
yang sheng qi

batería
da ji yue qi

guitarra
ji ta

contrabajo
di yin ti qin

trompeta
xiao hao

piano

gang qin

violín

xiao ti qin

bajo

bei si

timbales

ding yin gu

tambor

gu

teclado

dian zi qin

saxofón

sa ke si guan

flauta

chang di

micrófono

mai ke feng

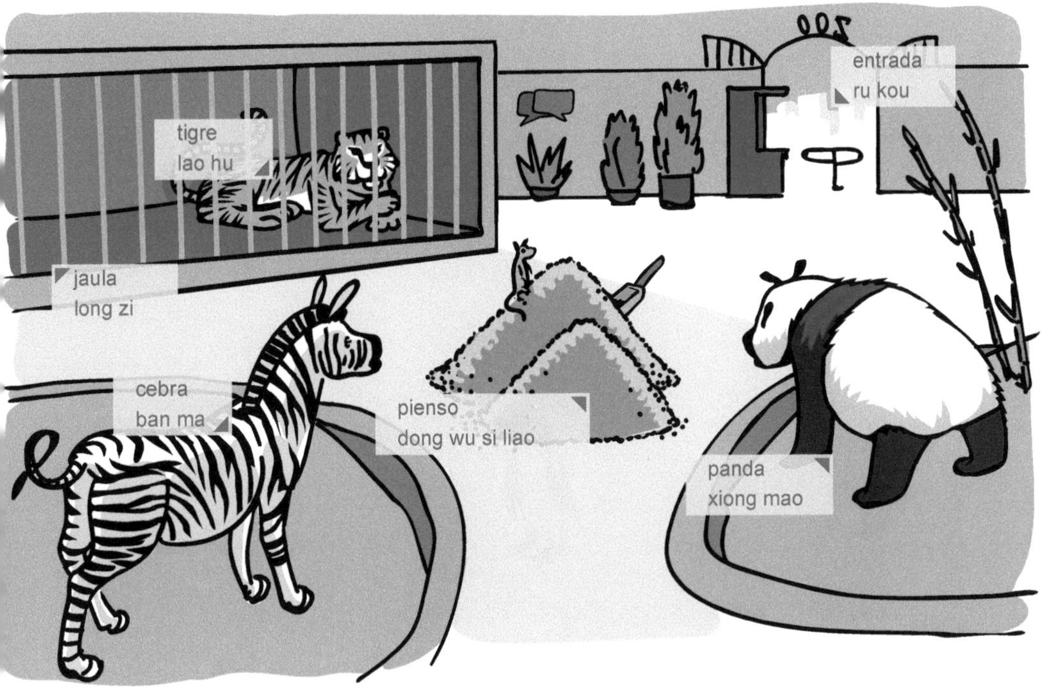

entrada
ru kou

tigre
lao hu

jaula
long zi

cebra
ban ma

pienso
dong wu si liao

panda
xiong mao

animales
dong wu

elefante
da xiang

canguro
dai shu

rinoceronte
xi niu

gorila
da xing xing

oso
xiong

camello

luo tuo

avestruz

tuo niao

león

shi zi

mono

hou zi

flamingo

huo lie niao

loro

ying wu

oso polar

bei ji xiong

pingüino

qi e

tiburón

sha yu

pavo real

kong que

serpiente

she

cocodrilo

e yu

guardián de zoológico

dong wu yuan guan li yuan

foca

hai bao

jaguar

mei zhou bao

poni

ai zhong ma

leopardo

bao

hipopótamo

he ma

jirafa

chang jing lu

águila

lao ying

jabalí

ye zhu

pescado

yu

tortuga

gui

morsa

hai xiang

zorro

hu li

gacela

ling yang

fútbol americano
gan lan qiu

ciclismo
qi zi xing che

tenis
wang qiu

baloncesto
lan qiu

natación
you yong

boxeo
quan ji

hockey sobre hielo
bing qiu

fútbol
ying shi zu qiu

bádminton
yu mao qiu

atletismo
tian jing

balonmano
shou qiu

esquí
hua xue

polo
ma qiu

actividades
huo dong

saltar
tiao
abrazar
yong bao
reír
xiao
caminar
zou lu
cantar
chang
soñar
zuo meng
rezar
qi dao
besar
qin wen

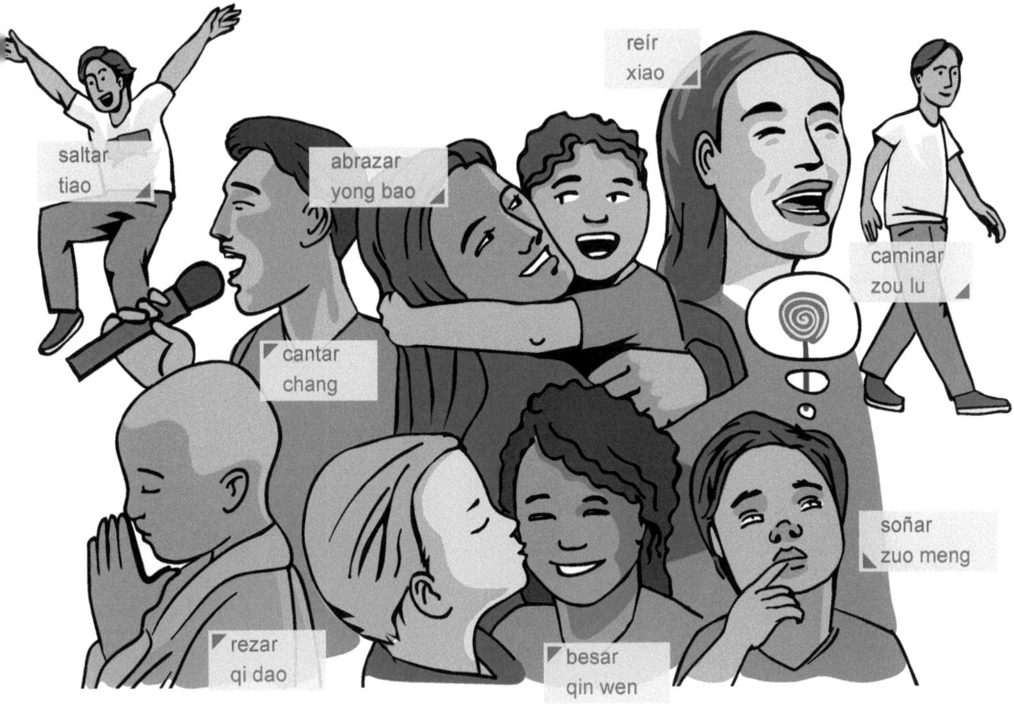

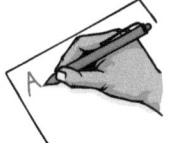

escribir

shu xie

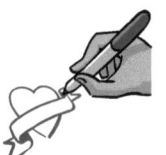

dibujar

hua

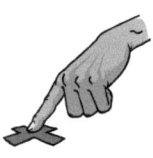

mostrar

zhan shi

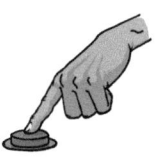

empujar

tui

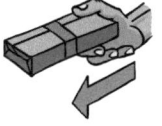

dar

gei

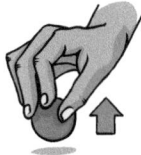

tomar

na

tener
you

hacer
zuo

ser
dang

estar de pie
zhan

correr
pao

tirar
la

tirar
reng

caer
shuai dao

yacer
tang

esperar
deng dai

llevar
xie dai

estar sentado
zuo

vestirse
chuan yi

dormir
shui jiao

despertar
xing lai

mirar

kan

llorar

ku

acariciar

fu mo

peinar

shu tou

hablar

jiao tan

entender

ming bai

preguntar

wen

escuchar

ting

beber

he

comer

chi

ordenar

qing li

amar

ai

cocinar

zuo fan

conducir

kai che

volar

fei

navegar

hang xing

calcular

ji suan

leer

du

aprender

xue xi

trabajar

gong zuo

casarse

jie hun

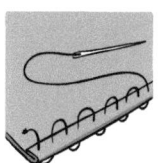

coser

feng

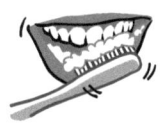

cepillarse los dientes

shua ya

matar

sha

fumar

chou yan

enviar

ji

abuela
zu mu

abuelo
zu fu

padre
fu qin

madre
mu qin

bebé
ying tong

hija
nü er

hijo
er zi

invitado

ke ren

tía

a yi

tío

shu shu

hermano

xiong di

hermana

jie mei

cuerpo
shen ti

frente
qian e
ojo
yan jing
hombro
jian bang
dedo
shou zhi
cara
lian
barbilla
xia ba
mano
shou
pierna
tui
pecho
ru fang
brazo
shou bi

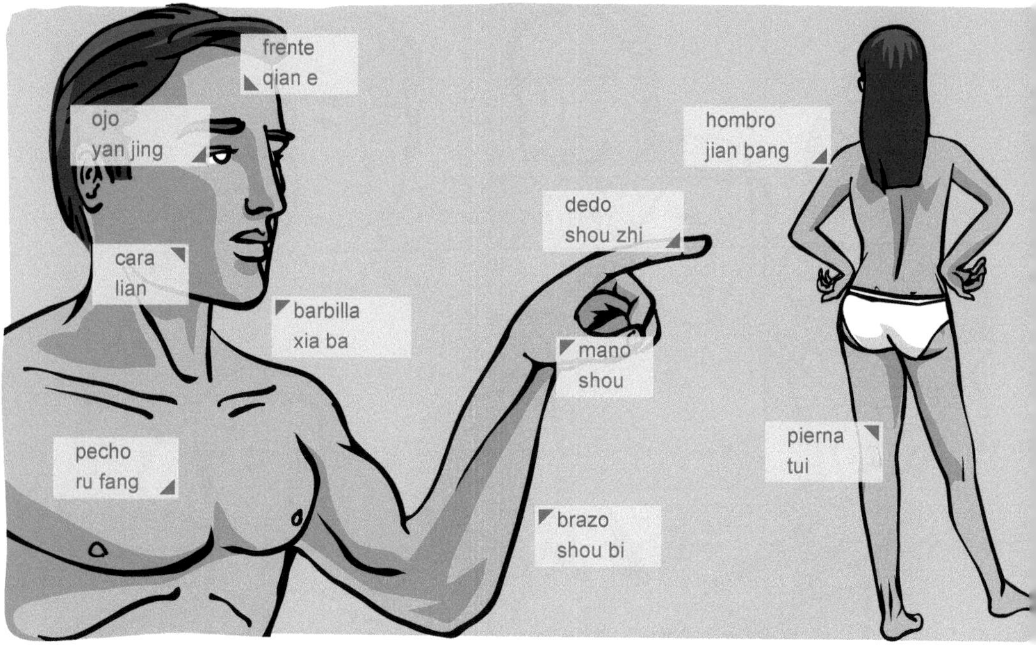

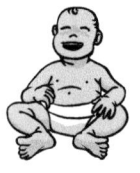

bebé

ying tong

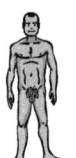

hombre

nan ren

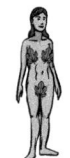

mujer

nü ren

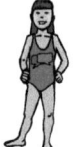

chica

nü hai

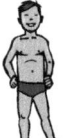

chico

nan hai

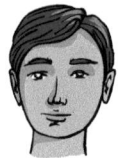

cabeza

tou

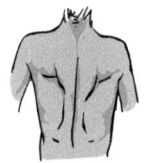

espalda

bei bu

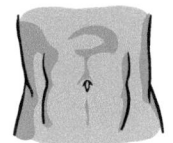

vientre

du zi

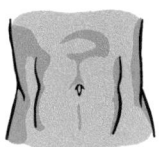

ombligo

du qi

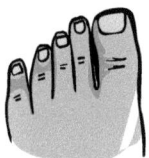

dedo del pie

jiao zhi

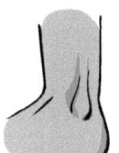

talón

jiao hou gen

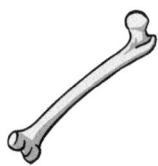

hueso

gu tou

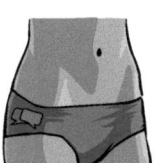

cadera

tun bu

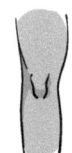

rodilla

xi gai

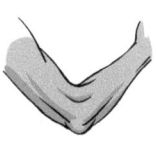

codo

shou zhou

nariz

bi zi

trasero

pi gu

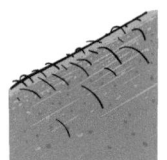

piel

pi fu

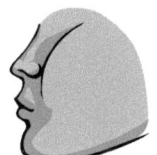

mejilla

lian jia

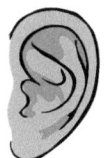

oído

er duo

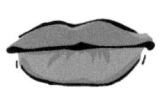

labio

zui chun

boca

zui

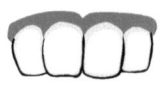

diente

ya chi

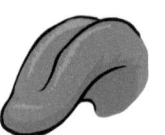

lengua

she tou

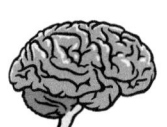

cerebro

nao

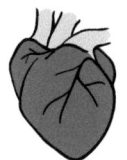

corazón

xin zang

músculo

ji rou

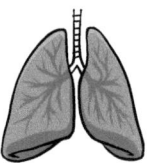

pulmón

fei

hígado

gan zang

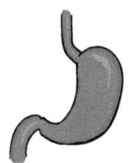

estómago

wei

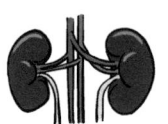

riñones

shen zang

sexo

xing jiao

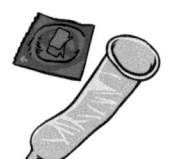

condón

bi yun tao

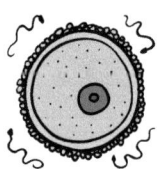

ovario

luan zi

semen

jing zi

embarazo

huai yun

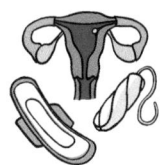

menstruación

yue jing

vagina

yin dao

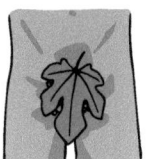

pene

yin jing

ceja

mei mao

pelo

tou fa

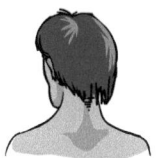

cuello

bo zi

hospital

yi yuan

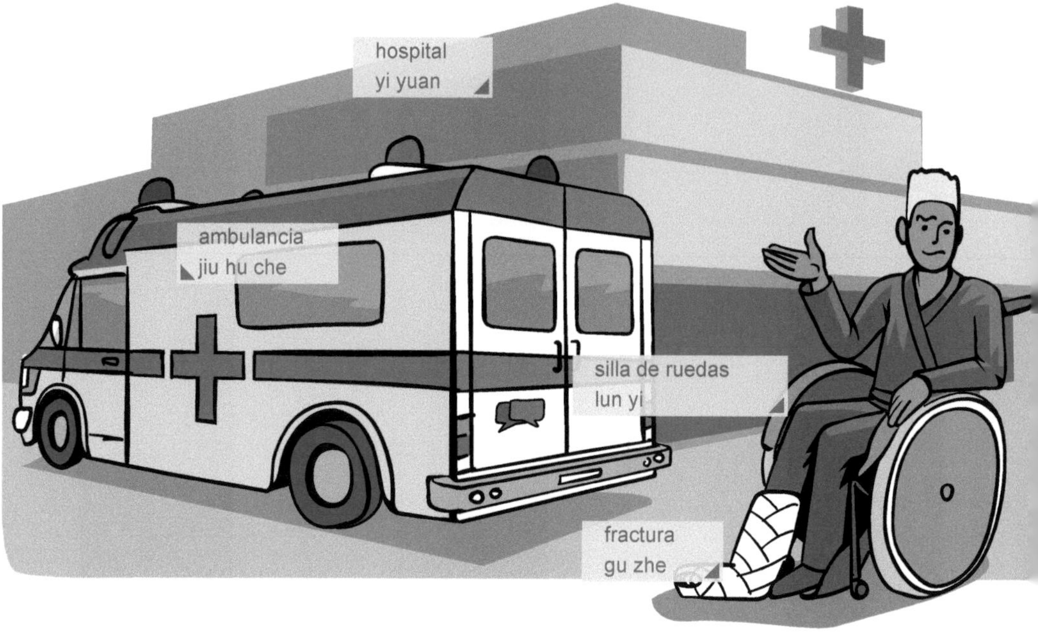

hospital
yi yuan
ambulancia
jiu hu che
silla de ruedas
lun yi
fractura
gu zhe

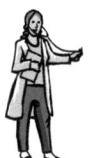

médico

yi sheng

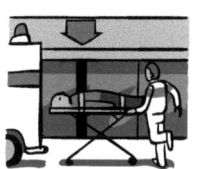

sala de urgencias

ji zhen shi

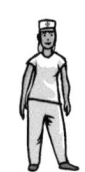

enfermera

hu shi

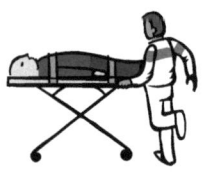

urgencia

jin ji qing kuang

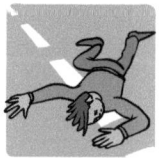

inconsciente

hun mi

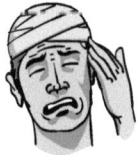

dolor

tong

lesión

shou shang

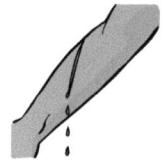

hemorragia

chu xue

infarto

xin zang bing fa zuo

ictus

zhong feng

alergia

guo min

tos

ke sou

fiebre

fa shao

gripe

liu gan

diarrea

fu xie

dolor de cabeza

tou tong

cáncer

ai zheng

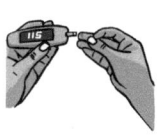

diabetes

tang niao bing

cirujano

wai ke yi sheng

bisturí

shou shu dao

operación

shou shu

TAC
CT

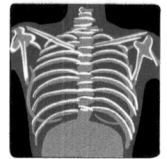

rayos x
X guang

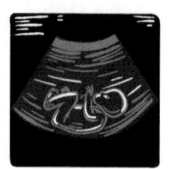

ultrasonido
chao sheng bo

mascarilla
kou zhao

enfermedad
ji bing

sala de espera
hou zhen shi

muleta
guai zhang

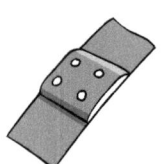

tirita
shi gao

venda
beng dai

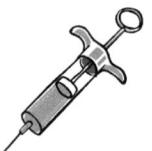

inyección
zhu she

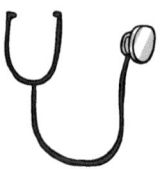

estetoscopio
ting zhen qi

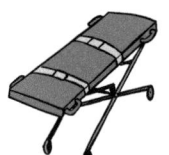

camilla
dan jia

termómetro
ti wen ji

nacimiento
chu sheng

sobrepeso
chao zhong

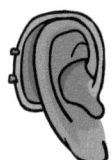

audífono

zhu ting qi

desinfectante

xiao du ye

infección

gan ran

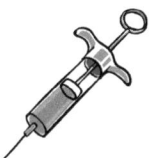

virus

bing du

VIH / SIDA

ai zi bing

medicina

yao wu

vacunación

jie zhong yi miao

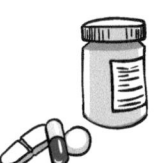

tabletas

yao pian

pastilla

yao wan

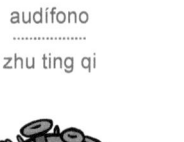

llamada de urgencia

ji jiu dian hua

tensiómetro

xue ya ji

enfermo / sano

sheng bing/jian kang

¡Socorro!

jiu ming!

alarma

jing bao

asalto

tu ji

ataque

gong ji

peligro

wei xian

salida de emergencia

jin ji chu kou

¡Fuego!

zhao huo la!

extintor de incendios

mie huo qi

accidente

yi wai

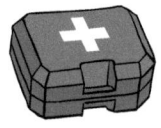

botiquín de primeros auxilios

ji jiu xiang

SOS

hu jiu xin hao

policía

jing cha

Europa

ou zhou

Norteamérica

bei mei zhou

Sudamérica

nan mei zhou

África

fei zhou

Asia

ya zhou

Australia

ao zhou

Atlántico

da xi yang

Pacífico

tai ping yang

Océano Índico

yin du yang

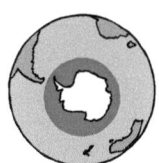

Océano Antártico

nan bing yang

Océano Ártico

bei bing yang

polo norte

bei ji

polo sur

nan ji

Antártida

nan ji zhou

tierra

di qiu

tierra

lu di

mar

hai

isla

dao

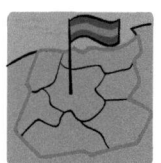

nación

guo jia

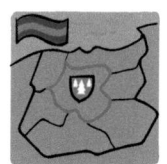

estado

guo jia

esfera

zhong mian

manecilla de las horas

shi zhen

minutero

fen zhen

segundero

miao zhen

¿Qué hora es?

xian zai ji dian?

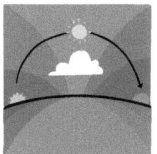

día

tian

tiempo

shi jian

ahora

xian zai

reloj digital

dian zi biao

minuto

fen

hora

shi

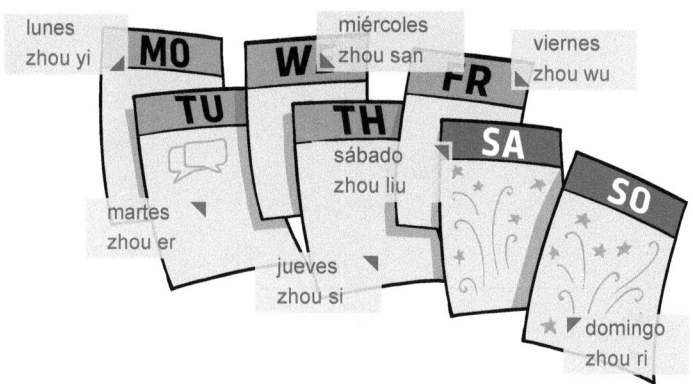

lunes
zhou yi

miércoles
zhou san

viernes
zhou wu

martes
zhou er

sábado
zhou liu

jueves
zhou si

domingo
zhou ri

ayer

zuo tian

hoy

jin tian

mañana

ming tian

mañana

zao chen

mediodía

zhong wu

tarde

wan shang

días laborables

gong zuo ri

fin de semana

zhou mo

año
nian

arcoíris
cai hong
lluvia
yu
nieve
xue
viento
feng
primavera
chun
otoño
qiu
verano
xia
invierno
dong

4.APRIL 11°
5.APRIL 4°
6.APRIL 13°
7.APRIL 8°
8.APRIL 10°

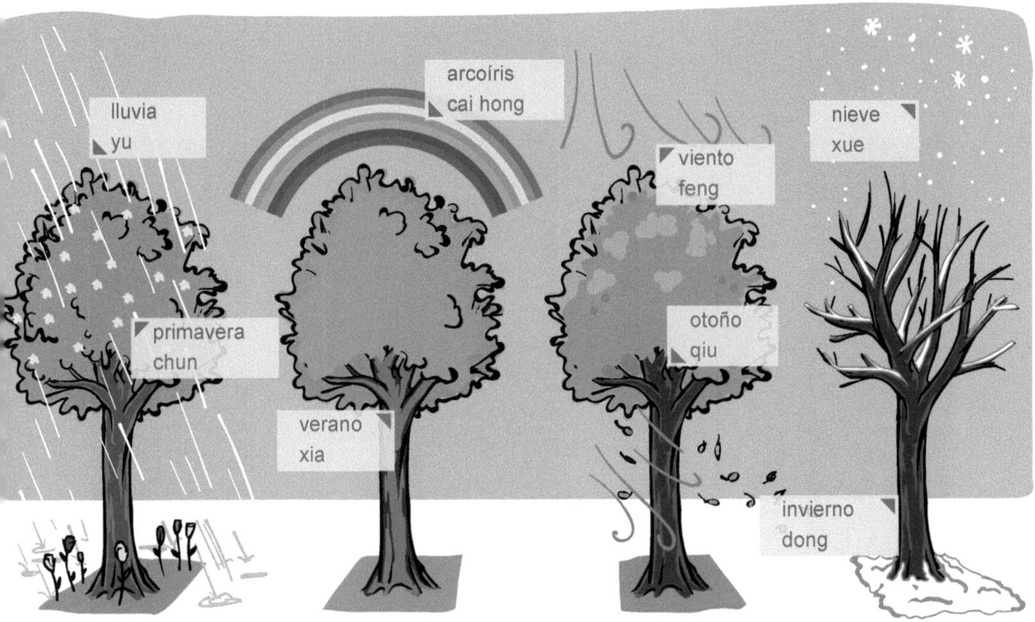

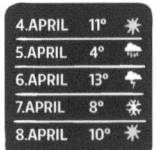

pronóstico del tiempo

tian qi yu bao

F C
120 40
90 30
60 20
30 10
0 0
-30 -10
-20

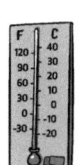

termómetro

wen du ji

sol

yang guang

nube

yun

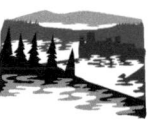

niebla

wu

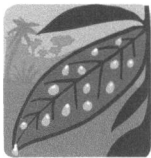

humedad

chao shi

rayo

shan dian

trueno

da lei

tormenta

feng bao

granizo

bing bao

monzón

ji feng

inundación

hong shui

hielo

bing

enero

yi yue

febrero

er yue

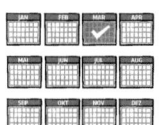

marzo

san yue

abril

si yue

mayo

wu yue

junio

liu yue

julio

qi yue

agosto

ba yue

año - nian

septiembre
....
jiu yue

octubre
....
shi yue

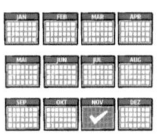

noviembre
....
shi yi yue

diciembre
....
shi er yue

formas
xing zhuang

círculo
....
yuan xing

cuadrado
....
zheng fang xing

rectángulo
....
chang fang xing

triángulo
....
san jiao xing

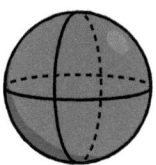

esfera
....
qiu ti

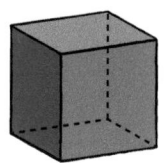

cubo
....
li fang ti

blanco

bai

amarillo

huang

anaranjado

cheng

rosa

fen

rojo

hong

morado

zi

azul

lan

verde

lü

marrón

zong

gris

hui

negro

hei

mucho / poco

hen duo/shao xu

enojado / tranquilo

sheng qi/ping jing

bonito / feo

mei/chou

principio / fin

shou/wei

grande / pequeño

da/xiao

claro / oscuro

ming/an

hermano / hermana

xiong di/jie mei

limpio / sucio

gan jing/ang zang

completo / incompleto

wan zheng/que shi

día / noche

bai tian/wan shang

muerto / vivo

si/sheng

ancho / estrecho

kuan/zhai

comestible / no comestible

ke shi yong/fei shi yong

malo / amable

xie e/shan liang

entusiasmado / aburrido

xing fen/wu liao

gordo / delgado

pang/shou

primero / último

di yi/zui hou

amigo / enemigo

peng you/di ren

lleno / vacío

man/kong

duro / blando

ying/ruan

pesado / ligero

zhong/qing

hambre / sed

e/ke

enfermo / sano

sheng bing/jian kang

ilegal / legal

fei fa/he fa

inteligente / tonto

cong ming/yu ben

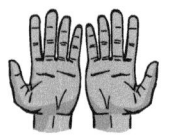

izquierda / derecha

zuo/you

cerca / lejos

jin/yuan

nuevo / usado
············
xin/jiu

nada / algo
············
mei you/you xie

viejo / joven
············
lao/you

encendido / apagado
············
kai/guan

abierto / cerrado
············
da kai/he shang

silencioso / ruidoso
············
an jing/chao nao

rico / pobre
············
fu/qiong

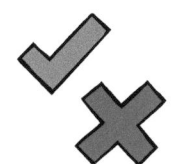

correcto / incorrecto
············
dui/cuo

áspero / suave
············
cu cao/guang hua

triste / contento
············
shang xin/gao xing

corto / largo
············
duan/chang

lento / rápido
············
man/kuai

húmedo / seco
············
shi/gan

cálido / frío
············
wen nuan/liang shuang

guerra / paz
············
zhan zheng/he ping

0

cero

ling

1

uno

yi

2

dos

er

3

tres

san

4

cuatro

si

5

cinco

wu

6

seis

liu

7

siete

qi

8

ocho

ba

9

nueve

jiu

10

diez

shi

11

once

shi yi

12
doce

shi er

13
trece

shi san

14
catorce

shi si

15
quince

shi wu

16
dieciséis

shi liu

17
diecisiete

shi qi

18
dieciocho

shi ba

19
diecinueve

shi jiu

20
veinte

er shi

100
cien

bai

1.000
mil

qian

1.000.000
millón

bai wan

inglés

ying yu

inglés americano

mei shi ying yu

chino mandarín

pu tong hua

hindi

yin di yu

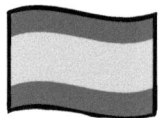

español

xi ban ya yu

francés

fa yu

árabe

a la bo yu

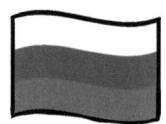

ruso

e yu

portugués

pu tao ya yu

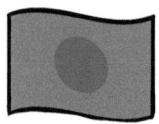

bengalí

feng jia la yu

alemán

de yu

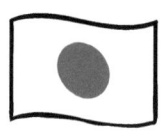

japonés

ri yu

yo

wo

tú

ni

él / ella / ello

ta/ta/ta

nosotros/as

wo men

vosotros/as

ni men

ellos/as

ta men

¿quién?

shei?

¿qué?

shen me?

¿cómo?

zen yang?

¿dónde?

na li?

¿cuándo?

shen me shi hou?

nombre

ming zi

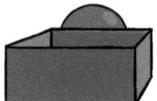

detrás

hou mian

en

li mian

delante de

qian mian

por encima de

shang fang

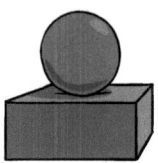

sobre

shang mian

debajo de

xia mian

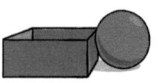

junto a

pang bian

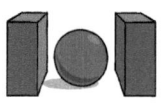

entre

zhong jian

lugar

di dian